LE

MARCHÉ COTONNIER AMÉRICAIN

L'antique sagesse des nations déclare que les voyages forment la jeunesse. Trop longtemps méconnue des Français, cette maxime semble mieux comprise de nos jours. Il entre plus volontiers dans nos mœurs de décider les jeunes gens à quitter de temps à autre l'atmosphère viciée des boulevards, pour étudier, loin du pays natal dans les colonies, dans les riches pays agricoles, les conditions de l'activité économique mondiale. Les industriels de la filature notamment, auront tout intérêt à faire rechercher sur les lieux de production du coton, en Amérique principalement, les moyens les plus pratiques d'arriver à un rendement important et soigné, avec le maximum de sincérité de la part des intermédiaires, en admettant qu'il soit, à tout jamais, impossible de se séparer de ces derniers.

Ce que nous voudrions prouver dans l'étude qui suit, et à laquelle nous essayerons d'enlever, autant que possible, son caractère technique, c'est que le filateur a un intérêt primordial à se préoccuper de l'achat et de la vente des terrains cotonniers, pour parer au danger, sans cesse menaçant, de l'insuffisance des récoltes américaines, et à l'audace des planteurs ou intermédiaires « treusteurs » de la récolte.

ÉTAT ACTUEL DE LA CULTURE ET DU COMMERCE DU COTON EN AMÉRIQUE

Ceux qui ont parcouru les vastes espaces exploités en Amérique par les planteurs de coton, ont pu remarquer que la majorité de la récolte provient surtout de la petite culture, riche en bonne volonté, pauvre en capitaux. Les créanciers n'ont souvent qu'une ressource : celle de se couvrir sur une partie de la récolte future qui, le moment venu, est distribuée dans la proportion de la dette.

Les cotons de plusieurs récoltes ou plutôt de plusieurs planteurs sont rassemblés par les facteurs, dont le rôle consiste à grouper les lots plus ou moins considérables de balles, uniformes comme soie, mais différentes comme grade. Les petits cultivateurs américains aimeraient, sans nul doute, à être débarrassés de cet intermédiaire accapareur, qui a les allures d'un banquier, qui pratique l'usure sans scrupule, fait la loi sur le marché : en un mot, éclipse totalement le producteur éminemment plus intéressant.

Après le facteur c'est le courtier ou « cotton broker » qui entre en scène, bat le marché muni des ordres du « cotton buyer »; ce dernier discute le prix, achète s'il y a lieu la marchandise, la classe par grades, et la livre, soit directement à la filature, soit aux coursiers du Havre, de Liverpool ou de Brême.

Nous n'insisterons pas plus longuement sur les trois façons employées par le « cotton buyer » pour acheter son coton. Le « flat », livré en balles non compressées, est échantillonné par lui, accepté ou refusé suivant le cas. Il en est de même du coton acheté FOB here avec cette différence qu'il est reçu compressé. Dans les deux cas le « cotton buyer » est responsable vis-à-vis de son client. Quant au coton FOB through, il est mis à bord du navire par le facteur et le « cotton buyer » n'a pas le droit d'y toucher.

Il n'est pas inutile de faire remarquer qu'il existe des différences sensibles pour un même classement, suivant que le coton est acheté de l'une ou de l'autre manière. Ainsi, le coton flat est vendu sur la cote des spots tandis que le FOB paye une prime sur le terme. Il serait facile de dresser ici le tableau des frais de place pour ces différents achats. Pour le flat, nous arrivons à un total de 1 d. 05, soit 5 fr. 25 c.; pour les cotons FOB here les frais atteignent 53 cts soit 2 fr. 55 c., et pour les cotons FOB through 22 cts ou 1 fr. 24 c.

Prix de revient du coton rendu au Havre.

Si nous nous plaçons dans les conditions Havraises, un calcul rapide nous permettra de constater qu'une balle de 500 livres (226^{kg}, 75) valant 63 fr. 67 c. à New-Orléans, le coton acheté 11 cts la livre avec un change de 5 fr. 25 c., vaut 71 fr. 69 c, rendu au Havre.

Mais puisque tout achat doit être suivi d'une vente à terme si l'on ne veut courir les risques de la spéculation, il importe aussi de connaître le marché de futurs, qui demande à chaque opération la formalité du contrat de 100 balles dont le coût est de 15 dollars. Dans ce cas le coton se paye en cents et en divisions de cents, appelées points (1 ct = 100 points). Une fluctuation de 1 point sur le marché représente une variation de 5 cts par balle, soit une différence de 26 francs environ par contrat de 100 balles.

L'effectif n'est pas stable, loin de là. Des causes nombreuses le font varier. C'est d'abord, en tout premier lieu, la spéculation qui pèse dans un sens ou dans l'autre. En Amérique, du haut en bas de l'échelle des conditions sociales, l'agiotage se manifeste avec une extraordinaire intensité. Faut-il citer les « privates wires » et les « buket shop », qui donnent aux plus modestes bourses l'espoir d'une fortune facile? Outre ces causes d'instabilité il y a celles de la température, qui est enregistrée dans ses moindres détails. Ce sont enfin les rapports des journaux, du gouvernement, rarement exacts.

A noter aussi que l'écart entre le terme et les spots est très variable, de par la qualité de la récolte.

Marché de futurs.

Le milieu américain est le paradis des joueurs. La passion du jeu, localisée chez nous où elle n'est en somme qu'une exception, trouve en Amérique un développement inouï : elle hypnotise l'ouvrier comme le millionnaire. L'éducation et l'ambiance y ont créé un état d'âme qui nous paraît peut-être étrange, mais qui, là-bas, semble normal. Le sucre, l'alcool, le café, les courses, mais surtout le coton, alimentent cette fièvre persistante. Les fils spéciaux des « privates wires » annihilent les distances, permettent aux plus obscurs planteurs de jouer sur le terme, tandis que les « buket shop » plus modestement aménagés n'en arrivent pas moins au même résultat : peser lourdement sur les cours.

Empêcher le fonctionnement de ces sortes d'agences serait, à l'heure actuelle, une tentative insensée.

Achat du coton par la filature.

La filature emploie, comme on sait, des cotons provenant de l'Inde, de l'Égypte ou d'Amérique. Ces derniers se subdivisent eux-mêmes en plusieurs branches, suivant la provenance et suivant les années. Le rôte du « cotton buyer » est de séparer les cotons, de les classer suivant leur grade, leurs soies ayant été classées par le facteur. Voici en résumé ce qui se passe lorsqu'un filateur a acheté, par exemple, 200 balles de good midd à un importateur direct ou cotton buyer. Celui-ci donne l'ordre à son cotton broker de lui trouver, chez les facteurs, un lot contenant la qualité demandée, ce qui n'est pas facile en réalité, puisque le cotton buyer, pour exécuter l'ordre et livrer 200 balles de coton homogène, se voit forcé d'acquérir 400 et même 500 balles.

Compressé ou non, les classeurs prélèvent des échantillons de ce coton qu'ils examinent dans une salle éclairée à cet effet.

Réception du coton.

Quand la réception du coton est chose faite, ce qui inquiète tout d'abord le filateur, c'est le grade et le genre de fibre. Lorsque la livraison n'est pas conforme aux échantillons envoyés, l'industriel a recours à l'arbitrage, mais le mieux, semble-t-il, serait de s'entendre à l'amiable avec le vendeur, et, au besoin, se liguer contre les maisons dont les livraisons seraient incorrectes.

Quelques réflexions sont à faire concernant le rendement du poids brut et net. L'hygrométrie du coton est souvent chargée de tous les péchés d'Israël : l'en a tort de lui attribuer toujours les variations de poids constatées.

L'expérience, acquise par une étude attentive sur les lieux de production, me permet d'affirmer que, sous le couvert de l'hygrométrie et à l'aide de certains procédés, les vendeurs réalisent non seulement un profit, mais qu'ils se créent, aux dépens du filateur, un capital roulant des plus précieux pour eux.

Loin de nous cette idée que l'on asperge d'eau les balles soumises au compressage ! La fraude est tout autre. Le cotton buyer majore simplement le poids, sur facture, de 1, 2, 3 0/0. Que risque-t-il ? Le remboursement du manquant de poids jusqu'à concurrence du 1 0/0 auquel il a droit, suivant les conventions... si toutefois le filateur, devant les ennuis des formalités, daigne s'en occuper.

Quoi qu'il en soit, un cotton buyer ayant toujours un minimum de 20.000 balles facturées aux Européens, se constitue un capital de 100.000 à 170.000 francs, capital sans cesse renouvelable de par les marchés. Ce sont donc, des millions qui entrent en Amérique, millions effectifs qui représentent de la marchandise fictive.

Non content d'user de cette fraude, le cotton buyer place encore sur les balles des morceaux de bagging appelés patches, qui ne servent nullement à les protéger, mais bien à atteindre les 6 0/0 indiqués sur les contrats. Ces morceaux de toile d'emballage sont vendus suivant un tarif connu.

Bonnes conditions des balles en dedans comme en dehors.

La fraude la plus considérable, celle qu'il est impossible de constater, se fait au gin par le planteur lui-même. A moins de changer le système de filière suivi par le coton, on ne saura jamais éviter la fourberie du nègre qui, parfois, mêle la balle, ou en fera augmenter le poids en plaçant dans le centre un corps étranger.

Il serait facile d'éviter en partie ces inconvénients graves si les marchés européens, celui du Havre en particulier, n'achetaient pas leurs cotons FOB through dont l'embarquement a lieu sans échantillonnage préalable.

Le mieux serait d'acheter le coton flat et d'exiger de l'exportateur qu'il l'achète flat.

Pour ce qui est du bon état extérieur, il faut se rendre compte que l'Amérique est un pays neuf où tout se fait rapidement et superficiellement. De plus, la main-d'œuvre fait défaut, c'est là sa caractéristique ; ensuite l'argent est rare, tant le commerce est prospère. Demander plus de soins paraît donc un desideratum irréalisable, et le serait-il que le prix de la marchandise atteindrait une cote si élevée qu'il faudrait en revenir au système actuel.

MOYENS D'ÉVITER LES DÉFECTUOSITÉS

DE LIVRAISON

Des chiffres qu'il est superflu de citer, mais que chacun pourrait contrôler, nous montrent que le filateur aurait intérêt à acheter à l'importation directe (s'il ne craignait l'élasticité de la spéculation américaine), plutôt que d'acheter au Havre.

Des deux côtés il y a des inconvénients qu'il serait éminemment souhaitable d'empêcher.

Trois méthodes ont été étudiées : nous en proposons une quatrième.

I. — *Installation d'une maison qui, actionnée par la filature, remplacerait le cotton buyer.*

Le point noir, la grosse difficulté de cette combinaison, est de mettre la main sur l'homme chargé de diriger cette affaire. De quelles vertus ne devrait-il pas faire preuve ! Il faut qu'il achète du coton : donc il doit vendre à terme, et comment contrôler la sincérité de ses opérations ? Pour résister aux dangereuses sollicitations du jeu, il lui faudrait une dose d'énergie qu'on ne rencontrera, il faut bien l'avouer, que dans des cas extrêmement rares ; bref, l'obligation de couverture qui lie le terme à l'effectif rend ce projet impossible.

II. — *Installation d'une maison n'achetant que de l'effectif, la couverture en terme étant faite par le filateur.*

Mais ici, autre exigence : il faudrait que le coton puisse être classé chez le facteur, ou bien que les filateurs aient la faculté d'employer plusieurs variétés de classes ; or ni l'une ni l'autre de ces conditions n'existe pour la généralité de la filature. Et quand bien même elle pourrait se réaliser, il serait dangereux de rester à decouvert entre le moment de l'achat fait en Amérique et le moment de la couverture à terme faite en Europe.

III. — *Cultiver soi-même en achetant des plantations.*

S'il s'agissait d'utiliser la main-d'œuvre locale, on se heurterait à une difficulté insurmontable puisque la question de labeur est celle qui inquiète tous les économistes américains. Il faudrait donc amener des colons européens.

Il m'est avis qu'en opérant ainsi, nous arriverons à un résultat, celui d'augmenter la culture de coton, mais le résultat ne serait pas complet et voici comme : fatalement les colons une fois au courant de la culture du coton seraient amenés à se débarrasser de la tutelle européenne et à acheter eux-mêmes des terrains aux voisins. Les défauts de bonne qualité de matière et d'emballage ne seraient donc pas résolus.

IV. — *Acheter des terrains, les exploiter et les revendre à des colons qui payeraient en matière première jusqu'à complet paiement de leur dette.*

J'ai la conviction qu'un grand nombre de questions intéressant la filature européenne y seraient résolues par une organisation ayant pour but d'acheter et de vendre, après exploitation, des terrains à des émigrants européens. C'est une entreprise de ce genre que nous allons étudier ci-dessous.

IDÉES GÉNÉRALES

en vue de l'entreprise de la culture de coton par la filature.

La Louisiane semble être la région la plus favorable pour l'entreprise de la culture du coton par la filature européenne. C'est un État qui est suffisamment peuplé, qui a des voies de communication nombreuses, et où le terrain peut être acheté à vil prix si l'on veut des terres non cultivées, à des prix raisonnables si l'on veut des terres en culture. La proximité de New-Orléans, et la mise à exécution du projet de l'ouverture du Canal de Panama, ne peuvent qu'amener dans un temps donné une plus-value aux terrains.

Parmi les terrains les plus propices à la culture, il y a ceux de la « Red River » et ceux des environs de Monroe, le long de la « Ouachita River ». Les premiers sont des terres très fortes, mais parfois peu aisées à labourer ; les autres ont besoin de plus de fertilisants, mais sont d'un travail plus facile.

Autant que possible, il faudrait se rapprocher des voies fluviales pour pouvoir se passer des chemins de fer; à la rigueur, obtenir des Compagnies les prix les plus réduits.

A l'heure qu'il est, les terrains de la Louisiane sont attaqués par le Boll Weevil, mais on peut éviter les dégâts qu'il cause en avançant la récolte. De plus, cet insecte destructeur ne séjournera plus longtemps sur cette partie du territoire puisqu'on a calculé que sa marche envahissante est de 50 milles par an vers l'ouest et qu'il infeste, actuellement, les environs de Schreveport à la limite de l'État.

Si on adopte la culture du coton comme culture principale, soit les trois quarts de l'extension totale, le reste, soit un quart de l'extension, doit être divisé en toutes autres cultures productives dans la région, telles que : avoine, maïs, pommes de terre (patates) douces, pomme de terre, et autres légumes. Le trèfle, la luzerne, les prairies et autres fourrages, devront assurer l'entretien des mules et chevaux nécessaires à l'exploitation. Les autres produits, employés directement ou transformés en viande, assureront l'entretien de tout le personnel de l'exploitation.

Par le quart de l'exploitation totale divisée en toutes espèces de culture, on doit non seulement pourvoir à l'entretien de tout le personnel de l'exploitation, mais on peut payer la plus grande partie de la main-d'œuvre et les frais généraux.

Les principes généraux à observer dans la culture du coton sont les suivants :

1° S'assurer avant tout un nombre de bras suffisant pour cultiver comme il convient l'extension plantée et faire la récolte en temps opportun.

2° Pratiquer le drainage sur la place.

3° Être très particulier dans le choix de la semence.

4° Les terres qui seraient épuisées devraient recevoir une dose suffisante des engrais qui leur manquent.

5° La culture du coton, comme toute autre d'ailleurs, doit se faire intensivement pour assurer un minimum d'une balle de coton par acre.

6° L'extension à cultiver confiée à chaque famille ne devra pas être trop étendue.

Ces principes ne sont pas observés actuellement par les planteurs qui veulent le plus de coton possible avec le minimum de main-d'œuvre et le minimum de frais.

Il faudrait donc amener les modifications suivantes :

1° Amélioration des conditions sociales de la main-d'œuvre ;

2° Réduction de l'extension cultivée ;

Augmentation du rendement par l'application des engrais :

Choix de la graine ;

Meilleur travail pendant la récolte ;

Amélioration de l'emballage.

3° Emploi à d'autres cultures, prairies ou pâturages, des terres les moins propres à la culture du coton.

Les planteurs abusent du nègre. Ils le logent misérablement, l'exploitent par une majoration excessive de tout ce qui est nécessaire à son entretien et aussi par l'incorrection du règlement de compte de fin de saison.

Actuellement les familles cultivent des terrains trop vastes. Une famille de trois personnes travaillant ne devrait pas planter plus de vingt acres de terre. Il est du reste inutile de cultiver de trop grandes étendues, puisqu'au moment de la récolte les bras manquent pour « pick up cotton ».

Le planteur actuel n'emploie pas de fertilisants : n'obtenant pas le rendement maximum par unité cultivée, il augmente l'étendue de terrain en culture.

La graine employée doit être changée tous les quatre ans, ce qui n'est pas généralement. De là l'affaiblissement du grade constaté chaque année.

Par la sélection d'une variété de graines de coton hâtives et en même temps de bon choix, par une culture intensive, on obtient un coton de bonne qualité récolté dans la bonne saison. Disposant du nombre de bras suffisant, la récolte peut être finie avant l'époque du mauvais temps : ainsi seulement on obtient un coton de valeur.

Peu de planteurs font sécher leur coton avant de le passer au gin et c'est cependant un point très important de la manipulation. De cette façon seulement on obtient un coton brillant et d'un aspect parfait. L'amélioration à apporter est plus dans la façon de récolter le coton que dans le ginage.

L'emballage peut être amélioré par l'emploi de toiles de jute semblables à celles qui enveloppent les cotons d'Égypte. Enfin, il est possible de tenir les balles de coton jusqu'à l'expédition au lieu de les laisser séjourner dans les lieux d'embarquement et de débarquement.

Il est indispensable de cultiver tout ce qui est nécessaire à l'entretien de la colonie. Ces produits s'obtiennent à bas prix si on les cultive soi-même et coûtent très cher à acheter.

CHOIX DE LA MAIN-D'ŒUVRE

Pour travailler le sol, on peut user de deux mains-d'œuvre : soit la main-d'œuvre blanche, soit la main-d'œuvre noire.

Le blanc est plus assidu à son travail que le nègre, donne une besogne plus parfaite et s'entend à toute espèce de travaux où le nègre ne comprend rien.

Le nègre n'ayant jamais été éduqué qu'à la culture du coton et du maïs, s'y entend assez bien et peut mener à bonne fin la culture du coton, s'il est bien dirigé.

Le blanc a ses défauts comme le noir; et pour souffrir le moins possible des difficultés de labeur, il faut donner un grand soin dans le choix des familles de quelque couleur qu'elles soient. La condition essentielle est que tout ouvrier ait du goût au travail et soit attaché à sa famille. Celui-là seulement peut être bien dirigé par une administration rationnelle et juste.

Ce ne sont pas ceux qui payent les plus gros gages qui sont les mieux servis. Le personnel d'une administration, telle que celle qui fonctionnerait en cas de réussite du projet, devrait bien connaître son monde, avoir du tact dans le commandement, dans l'administration et la répartition de toute chose.

La manière générale de traiter l'ouvrier dans le sud des États-Unis est très brusque; il faut traiter l'émigré européen plus sagement si on veut le garder; le nègre doit être traité énergiquement, brusquement même, mais avec les mêmes principes de justice que le blanc. Il y aurait même avantage à séparer les races de façon à les attacher au sol et réunir de petites colonies, en leur donnant leur prêtre, leur école, leur administration locale; on évitera ainsi les mauvaises influences de l'extérieur et ce terrible mal, le « home sick », qui fait quitter le pays aux familles qui ont acquis un peu d'argent.

De tous les émigrants européens employés à la culture, les

Italiens sont les plus nombreux, et ce sont eux qui ont donné jusqu'à présent le plus de satisfaction. Ils donnent autant de travail que les autres et sont moins exigeants dans le traitement.

Pour former un planteur, il faut une année de pratique locale. Dans une entreprise ayant de grandes vues, on ne pourrait donc pas s'entourer de personnel nouveau ; il faudrait le mélanger avec des planteurs déjà faits.

Le directeur ou superintendant d'une grande plantation serait, à mon avis, mieux choisi en Europe que dans le pays. Je crois que ce serait une garantie d'avoir un Européen et que, d'autre part, il serait plus apte à manier des gens de sa race. Il serait même préférable qu'il soit de même nationalité que ses subordonnés.

Le temps nécessaire pour le former dépendra de ses aptitudes, de ses connaissances *pratiques* lui permettant d'administrer intelligemment une exploitation agricole. Des connaissances pratiques de ce dernier dépendra le plan judicieux des cultures adoptées. Mieux il comprendra les conditions locales de culture, de commerce, d'administration et autres, plus de facilités il aura à s'entourer du monde qui convient et à former une exploitation économique et rémunératrice.

ORGANISATION D'UNE PLANTATION
DE 1.000 ACRES

D'une extension de 1.000 acres de terre, 750 acres devraient être plantées en coton et 250 en diverses autres cultures nécessaires à l'entretien du personnel et du bétail.

Un directeur peut suffire pour 10.000 acres de terre mises en culture, mais un superintendant devient nécessaire pour chaque 1.000 acres mises en culture.

Il convient de donner à une famille de trois membres de travailleurs 20 acres de terre.

On peut donc compter que quarante à cinquante familles sont nécessaires pour exploiter 1.000 acres de terre.

Je considère qu'un quart de l'exploitation devrait être cultivé directement par la Compagnie. Ainsi le nombre de maisons à construire serait réduit d'un quart et remplacé par une grande maison où serait logé et nourri le personnel employé à cette fin.

Le prix de revient d'une famille dépendra de ce que la Compagnie devra lui avancer.

Prix moyen des choses nécessaires à chaque famille :

Maison dépendances . . . . $	500
Mule première qualité	200
Machines et outils	50
Meubles	50
1 vache, 30 poules	50

Un intérêt de 5 0/0 pourra être chargé sur les avances faites. 25 0/0 des avances pourront être retenus à la première récolte si la famille cultive pour le compte de la Compagnie ou à la part.

Au prix actuel de la terre, et tenant compte des avances à faire pour coloniser des familles de travailleurs désirables, je considère qu'une exploitation bien menée, d'une extension de 1.000 acres, rapporterait dès la deuxième année de 10 à 15 0/0 net du capital investi, sans tenir compte de la plus-value acquise chaque année par le temps et les améliorations faites.

Pour établir ce rapport, je me base sur un groupe de cultivateurs belges établis dans les environs d'Alexandria, dans une période de dix à quinze ans. Arrivées sans rien, ces familles, au nombre de quarante à quarante-cinq, sont arrivées à valoir en banque actuellement 500.000 dollars. Il faut considérer les difficultés qu'elles ont eu à surmonter : inexpérience, manque de fonds, manque de soutien. A l'heure qu'il est, la colonie jouit de la considération générale, et son crédit est indiscutable.

Labeur.

Dans l'entreprise projetée, il faudrait user du nègre et du blanc. Le nègre préparerait la terre, défricherait, ferait les durs travaux.

Les blancs seraient divisés en deux parties : les planteurs et les ouvriers.

Les premiers seraient ceux connaissant la culture. Au lieu de les employer comme ouvriers, je crois qu'il serait préférable d'en faire des propriétaires en leur permettant d'acheter leur terre en dix ans, en la payant en coton. De la sorte l'entreprise serait certaine de conserver ses travailleurs, qui lui resteraient définitivement attachés.

Les seconds, comprenant une partie de la main-d'œuvre blanche, celle qui ne serait pas formée à la culture, seraient initiés au cours de la première année, se livreraient à des essais plus sérieux pendant la seconde, enfin, la troisième année, au courant de toutes les connaissances utiles, pourraient s'élever au rang des planteurs et deviendraient à leur tour propriétaires.

CONCLUSIONS

Je considère qu'une entreprise de ce genre, assise sur de bonnes bases, est la spéculation la plus belle, la plus sûre à entreprendre pour des capitalistes européens. Aux États-Unis, aucune entreprise de colonisation n'a encore été faite pratiquement dans ce pays, et il n'y a pas l'ombre d'un doute que, menée comme il convient, cette entreprise ne donne un succès complet et en très peu de temps. Des bons résultats d'une première entreprise pourrait résulter un important mouvement d'émigration duquel bénéficieraient seuls le capital et l'industrie européens.

ANNEXES

DOCUMENTATION

Nous donnons ci-dessous quelques pages de chiffres résumant les principales données des marchés cotonniers.

Nous indiquerons ainsi :

1° L'importance des frais de place ;

2° Les surcharges diverses provenant de la circulation des factures, différences de change, des frais de terme, etc. ;

3° L'analyse des frais subis par une balle achetée C. I. F. ou conditions havraises ;

4° Le prix de revient du coton rendu au Havre ;

5° Les frais subis sur place même du Havre par les cotons.

FRAIS DE PLACE

Prix par balle de 500 livres = 226^{ks}, 75.

Coton flat. — Payés comptant après pesage :

Compressage . . . . Cts.	50
Charroi.	20
Courtage	10
Classage	10
Pesage	10
Inspection.	2
Brending	1
Bourse	2 à 3
TOTAL . . . . . $	1,05 = 5 fr. 21 c.

Cotons F O B here, payés sur documents de la Compagnie :

Courtage . . . . Cts.	10
Pesage	10
Classage.	10
Inspection.	10
Brending	1
Bourse	2 à 3
Intérêt d'argent	10 (6 à 8 0/0 d'intérêt).
TOTAL . . . . Cts.	53 = 2 fr. 55 c.

Cotons F O B through, payés sur documents de la Compagnie :

Courtage . . . . : cts.	10
Intérêt d'argent	10
Bourse	2 à 3
TOTAL . . . . Cts.	22 = 1 fr. 24 c.

(L'intérêt d'argent entrant dans les F O B provient de ce qu'ils sont payés à l'expédition, les flat le sont à réception.)

FACTURE SIMULÉE

100 balles pesant. . . . . livres.	50.000
Tare 6 0/0.	3.000
Livres. . .	47.000

A 453ᵍ, 5 = 21.315 kilogrammes à $ 71,69 les 50 kilogrammes . . . . $ 30.561 45
Moins fret : 38 cents net les 100 livres = $ 190
à 5 fr. 25 c. . . . . $ 997 50

29.563 95

Assurance : 6.200 soit 10 0/0 sur le montant de la facture.

DES DIFFÉRENCES DE CHANGE

Le change varie, en temps ordinaire, entre 5 fr. 18 3/4 c. et 5 fr. 23 3/4 c.

La différence entre 100 balles à 11 cents la livre (base 500 livres par 100 balles) entre les deux limites représente environ 300 francs.

Différence de change sur tirage à vue (chèque) :

Tirage à vue. .	5,17 1/2	Fr. 29.563,95 = $	5.712 84
— 3 jours .	5.18 1/2	— —	5.705 95
— 60 — .	5,20	— —	5.685 38
— 90 — .	5,21 3/4	— —	5.671 74

MARCHÉS DE FUTURS OU TERME

Le contrat de futur se fait par 100 balles et le prix est fixé à la livre américaine de 453^g, 5.

Le coût de chaque contrat est de 15 dollars.

Pour les membres du bureau il est de 7 doll. 1/2.

Le poids des balles est fixé à 500 livres = 226^{kg}, 75.

Le prix du coton est fixé en cents et divisions de cents qui sont des points : 1 cent = 100 points.

Donc, une variation de 1 point représente une variation de 5 cents par balle.

Donc, une fluctuation de 1 point représente une différence de 5 dollars, soit environ 26 francs par contrat de 100 balles.

INFLUENCE DU TERME SUR L'EFFECTIF

En ramenant la fluctuation aux conditions du Havre, c'est-à-dire aux 50 kilogrammes rendus au Havre, cette valeur n'est qu'approchée :

3 points =	1/32 de cent à la livre =	0,25 Havre.
6 —	1/16 —	0,50
12 —	1/8 —	0,75
25 —	1/4 —	1,50
50 —	1/2 —	3,00
100 —	1 cent —	6,00

FRAIS SUBIS PAR UNE BALLE ACHETÉE C I F
et par une balle achetée conditions havraises.

Quels sont donc les frais subis par une balle de coton achetée à l'importation directe?

Commission cotton buyer (environ) . . .	Fr.	2 50
Réceptionnaire		0 25
Pour du coton à 72 francs : courtier de filature 1/2/1000.		0 25
TOTAL. . . .	Fr.	3 »

Au lieu d'acheter à l'importation directe, le filateur qui craint les risques de la morale américaine préfère acheter au Havre.

Le courtier du Havre ne devrait être qu'un intermédiaire, mais il n'en est pas ainsi.

Les frais sont alors :

Commission du Cotton buyer.	Fr.	2,50
Réceptionnaire du Havre		0,25
1 0/0 Agent du Cotton buyer au Havre . . .		0,50
Commission Courtier du Havre achetant au Cotton buyer		2,50
Agent du Courtier au Havre		0,25
	Fr.	6 »

PRIX DE REVIENT DU COTON RENDU AU HAVRE

L'Amérique n'ayant pas le système métrique, il est utile de ramener le prix du coton aux conditions du Havre. En outre, le taux du change variant avec le taux d'intérêt à Paris, il est indispensable de nous placer dans les conditions havraises.

Supposons le coton acheté à 11 cents la livre et le change à 5 fr. 25 c. 1 livre américaine = 453^g,5.

Les balles étant comptées à 500 livres, 1 balle pèse 500 $\times$ 453,5 = 226^{kg},75.

500 livres à 11 cents = 55 dollars.

Le prix de 1 kilogramme est donc de $\dfrac{55}{226,75}$ = 24 cents 25.

Les 50 kilogrammes sont donc de $ 12,13.

Le change étant de 5 fr. 25, $ 12,13 $\times$ 5 fr. 25 c. = $ 63.67.

Le coton ramené aux unités françaises vaut donc $ 63,67 à New-Orléans.

Pour faire un prix de revient rendu au Havre, supposons donc le coton acheté « flat » à 11 cents, le change à 5 fr. 25 c., le fret 38 cents les 100 livres. Assurance à 7,16 0/0, les frais de place à $ 1,05 par balle.

Coton à 11 cents représente donc. . $	63,67	aux 50 kilogrammes.
Fret 38 cents	2,20	—
	65,87	
Assurance 7,16 0/0	32	—
Frais $ 1,05 par balle	1,21	—
	67,40	—
Tare 6 0/0 cercles et emballages. . .	4,29	—
$	71,69	aux 50 kilogrammes,

rendu au Havre.

FRAIS SUBIS PAR LE COTON SUR LA PLACE DU HAVRE

(Coton vendu au Havre 70 francs.)

Compte de liquidation à 19 balles coton
vendues par X..., Havre,
pour le compte de M. Y... à Z....

Les 19 balles coton V fully midd. ex. St-Lauliau.
18 balles, 3.863 francs net, R. 3.626 francs, 73 fr. 50 c.
les 50 kilogrammes. . . . . Fr.   5.330,20
Escompte 2 1/4 0/0   119,90

Valeur 3 août 1906. . . . .   5.210,30
1 balle manquante facturée au Capitaine . . . .   229 »

Valeur 3 août 1906. . . . . Fr.   5.509,30
Fret à 30 cents par 100 balles $ 27,09 à 5 fr. 25 c.   145,35
Frais de sente et statistique   7,60
Frais de réception voilerie.   11,40
Transport et arrimage R. 3.900 à 0,32 0/0 le
kilogramme.   12,50

Fr.   176,85

Intérêts débours 7 juillet au 3 août, 27 jours à
5 0/0 . . . . Fr.   0,65
Désarimage, sortie de magasin, livraison . . .   4 »
Magasinage du 7 juillet au 17 août, 1 m. 1/2,
3.900 kilogrammes à 0 fr. 09 c. le kilogramme. .   5,25
Assurance contre le feu, 6.200 francs à 1/4 0/0
et par mois . . . .   3,10 .
Courtage de vente, 5.330 francs à 1/4 0/0 . . .   13,30

A reporter. . . . Fr.   203,45   5.509,30

Reports . . . . . Fr.   203,15   5.509,30

Timbres, permis, connaissements, menus frais .   7,25
Commission de vente, 5.629 fr. 20 c. à 1/9 . .   56,30
                                                              266,70

                                                    Fr.   5.242,60

Valeur 3 août 1906 :
Traite sur nous-même au 19 août . . . . Fr.   5.363,65
Bénéfice d'intérêts du 3 au 19 août, 5.242
francs, 16 jours à 2 0/0   4,65
                                                              5.359   »

Votre débit . . . . Fr.   116,40

VALEUR AU 3 AOUT 1906 . . . . S E ou O

IMPRIMERIE CHAIX, RUE BERGÈRE, 20, PARIS. — 6866-4-07. — (Encre Lorilleux).

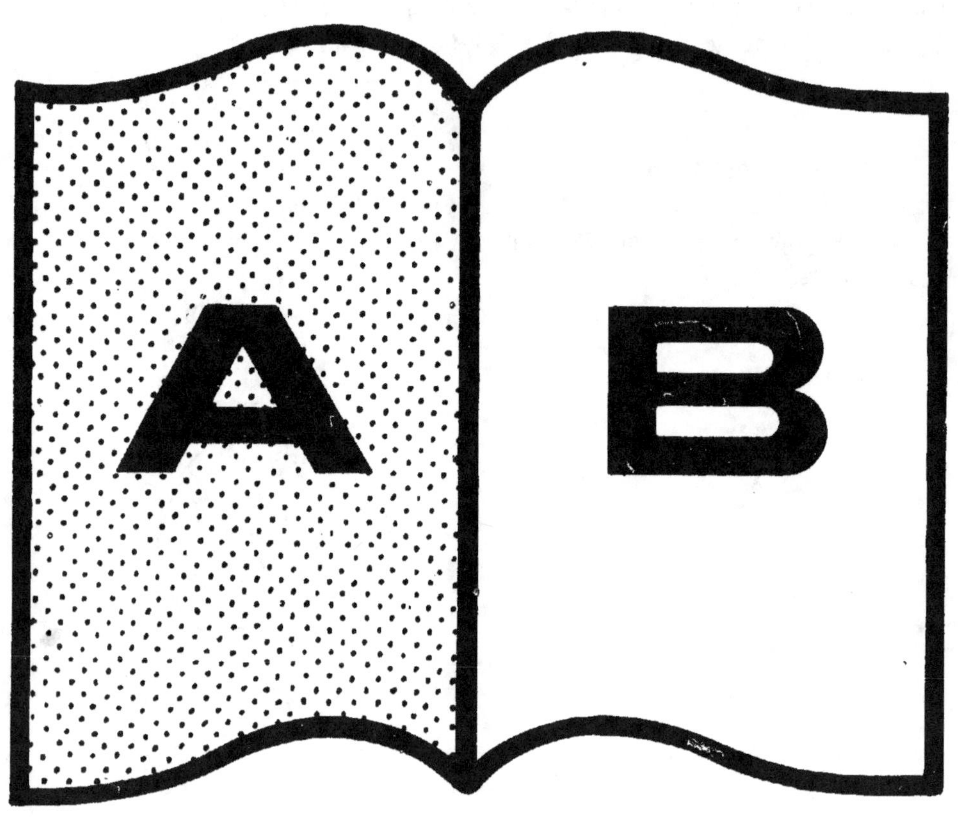

Contraste insuffisant

NF Z 43-120-14

www.ingramcontent.com/pod-product-compliance
Lightning Source LLC
LaVergne TN
LVHW022249030726
842520LV00009B/1941